딩 딩 바 이 블 청 소 년 양 육 시 리 즈

양육 1년차 3

왜 믿니?

|이대희 지음|
예즈덤성경교육원 편

KB205679

엔크리스토

저자 이대희 목사

장로회신학대학교 신학대학원(M.Div)과 연세대학교 연합신학대학원(Th.M)을 졸업하고 에스라성경대학원대학교에서 성경학박사(D.Liit) 과정을 마쳤다. 예장총회교육자원부 연구원과 서울장신대 교수와 겸임교수를 역임했으며, 분당에 소재한 대안학교인 독수리 기독중고등학교에서 청소년에게 성경을 수년 동안 가르쳤다. 극동방송에서 〈알기 쉬운 성경공부〉〈기독교 이해〉〈크리스천 가이드〉〈전도왕백서〉〈습관칼럼〉 등 신앙양육 프로그램을 진행했다. 저자는 성경공부와 성경교육 전문사역자로 지난 25여 년 동안 성서사람·성서교회·성서한국·성서나라의 모토를 가지고 한국적 성경교육과 실천사역을 위한 집필과 세미나, 강의사역 등을 하고 있다. 현재 바이블미션 대표와 예즈덤성경교육원 원장, 꿈을주는교회 담임목사로 있다. 저서로는 『30분 성경공부』 시리즈, 『아름다운 십대 성경공부』 시리즈, 『투데이 성경공부』 시리즈, 『틴꿈십대 성경공부』 시리즈, 『인성과 창의력을 중시하는 유대인의 탈무드식 자녀교육법』, 『이야기대화식 성경연구』, 『성품성경공부』 시리즈, 『맛있는 성경공부』, 『맥잡는 기도』, 『전도왕백서』, 『자녀 축복 침상 기도문』, 『누구나 쉽게 배우는 쉬운 기도』, 『예즈덤 성경영재교육』, 『크리스천이여 습관부터 바꿔라』 등 200여 권의 저서가 있다.
e-mail: ckr9191@hanmail.net

딩딩바이블 청소년 양육 시리즈 **왜 믿니?**

초판1쇄 발행일 | 2013년 10월 31일
초판2쇄 발행일 | 2015년 11월 13일

지은이 | 이대희
펴낸이 | 김학룡
펴낸곳 | 엔크리스토
마케팅 | 이동석, 오승호
관리부 | 김동인, 신순영, 정재연, 박상진

출판등록 | 2004년 12월 8일(제2004-116호)
주　소 | 경기도 고양시 일산동구 장대길 74-10
전　화 | (031) 906-9191　　팩　스 | (0505) 365-9191
이메일 | 9191@korea.com
공급처 | 기독교출판유통

ISBN 979-11-5594-002-0 04230

* 잘못된 책은 바꾸어 드립니다.
* 책값은 뒤표지에 있습니다.

* 이 교재의 사용방법·내용·교육·강의와 세미나에 대한 문의는 예즈덤성경교육원(02-403-0196, 010-2731-9078. http://cafe.naver.com/je66)으로 해주세요. 카페에 각과 내용에 대한 동영상 강의 자료가 있습니다. 참고하시기 바랍니다. 매주 월요일에 엔크리스토 성경대학 지도자 훈련코스가 있습니다(개관반·책별반·주제반·성경영재교육반). 1년에 4학기(봄, 여름, 가을, 겨울)로 운영됩니다.

딩딩바이블 청소년 양육 시리즈를 펴내면서…

딩딩바이블은 그동안 10여 년 넘게 한국 교회 베스트 교재로 많은 사랑을 꾸준히 받아 온 〈아름다운 십대 성경공부〉 시리즈를 보완 발전시켜 새로운 모습으로 탄생된 청소년 양육 시리즈입니다. 지금 한국 교회는 다음 세대를 키우지 못하면 미래가 없습니다.

다음 세대를 효과적으로 키우는 데 딩딩바이블 청소년 양육 시리즈는 크게 기여할 것입니다. 그동안 교회 안에서만 이루어졌던 말씀 교육을 발전시켜 가정, 학교, 생활(주일, 주말, 주간, 방학)을 통합하여 전인적인 교육을 이루는 데 초점을 두었습니다. 세상을 이기기 위해서는 부분보다 통합적, 지식보다 지혜 중심의 양육이 필요합니다.

특히 청소년 시기는 인생과 신앙의 기초를 다져주는 아주 중요한 때입니다. 이때에 꼭 필요한 과정을 잘 양육하면 평생 승리하는 인생을 살 수 있습니다. 청소년들의 눈높이에 맞추어 흥미롭게, 간단하고 쉽게, 깊고 명료하게 삶의 실천을 염두에 두고 전체 내용을 구성했습니다. 5천 년 동안 성경교육으로 세계를 지배하고 있는 유대인의 성경 탈무드 교육보다 더 나은(마 5:20) 한국인에 맞는 복음적인 말씀양육 시리즈가 되길 기도합니다.

저자 이대희

•딩딩바이블 청소년 양육 시리즈 특징•

1. **말씀 중심이다** 성경 구절을 찾는 인위적 공부방식에서 탈피하여 본문을 중심으로 성경 전체를 핵심구절로 연결하여 하나님의 본래 의도를 찾도록 구성되었습니다.

2. **흥미롭다** 도입 부분을 십대들의 관심에 맞추어 흥미로운 만화와 삽화로 구성하여 시각적 효과를 높였습니다. 그림과 질문은 닫힌 마음을 열게 하는 효과가 있습니다.

3. **쉽다** 성경공부를 설명식(헬라식)으로 하면 점점 어려워집니다. 그러나 본문 속에서 질문식(히브리식)으로 하면 누구나 쉽게 답할 수 있습니다. 교사가 일방적으로 주입하는 가르침이 아닌 본문의 말씀이 말하는 것을 듣는 방식으로 구성되었기에 교사와 학생이 모두 쉽게 공부할 수 있습니다. 내가 말씀을 보는 것이 아니라 말씀이 나를 보게 해야 합니다.

4. **단순하다** 6개의 질문(관찰: 4개, 해석: 1개, 적용: 1개)으로 누구나 즐겁게 성경공부에 참여할 수 있습니다. 30분 내외의 분반 시간에 끝낼 수 있도록 구성했습니다. 상황에 따라 꼬리질문을 확장할 수 있습니다.

5. **깊다** 깊은 질문으로 말씀의 은혜를 경험할 수 있고 시간이 갈수록 말씀 속으로 빠져 듭니다. 해석 질문은 영혼의 깨달음을 갖게 합니다(보통 십대 교재는 해석질문이 없습니다. 여기서 대화를 통한 깊은 나눔을 할 수 있습니다).

6. **균형있다** 십대에 필요한 핵심 주제와 다양한 양육영역(성경·복음·정체성·신앙·생활·인성·공부·인물·습관)을 골고루 제시하여 균형잡힌 신앙성장을 갖도록 했습니다.

7. **명료하다** 현실적으로 짧은 성경공부 시간에 여러 가지 내용을 다룰 수 없기에 한 가지 핵심적인 내용을 명료하게 다루어 분반 공부 효과를 극대화 하도록 했습니다.

8. **공부도 해결한다** 성경공부를 통해 신앙과 더불어 학교공부(사고력·논리력·분석력·집중력·분별력·상상력)도 함께 키울 수 있도록 구성되었습니다.

9. 다양하다 주5일근무제에 맞추어 주일 분반공부, 토요주말학교, 가족밥상머리교육, 제
자훈련 등 다양하게 사용할 수 있습니다.

10. 전인적이다 주일 하루만 하는 교육이 아니라 가정, 교회, 학교와 주일, 주말, 주간, 방
학, 성인식을 통합하여 전 삶의 차원에서 적용할 수 있는 양육과정입니다.

•성경공부 진행 방법•

마음열기 시작하기 전에 그림과 만화를 통해 공부할 주제를 기대감과 흥미를 갖게
합니다.

말씀과 소통하기 오늘 성경본문에 대한 네 가지 질문을 하면서 본문과 소통을 합니다.

포인트 해당 본문의 핵심을 간단하게 정리해 줍니다.

말씀과 공감하기 본문 말씀 내용 중에 생각해야 할 문제를 관계된 다른 성경구절
(말씀Tip)을 통하여 깊은 깨달음을 얻도록 돕는 과정입니다.

삶에 실행하기 깨달은 말씀의 교훈을 개인의 삶에 적용합니다.

실천을 위한 Tip 삶 속에서 실천할 수 있도록 구체적인 지침을 제공합니다.

|교회와 가정과 학교(주일·주말·주간·방학)를 통합한 1318 전인교육|

•딩딩바이블 청소년 양육 시리즈 전체 양육과정표•

중·고등부 6년 과정에 맞추어 4개 코스로 구성되었습니다. 양육 코스는 3년, 심화
코스는 3년, 성장 코스는 자유롭게 사용하도록 구성했습니다.
이것은 주간에 자기 주도적으로 습관화 하는 과정입니다. 성숙 코스는 방학에 사용
하는 캠프용과 십대과정을 마무리하는 성인식이 있습니다.
'복음 코스'와 '성경 코스'는 교사와 학생이 공통으로 할 수 있는 특별과정입니다.

| 양육 코스 |

구분	코스		영역	1년차	2년차	3년차
주일	양육	1	복음	예수십대	복음뼈대	신앙원리
		2	정체성	나는 누구야	가치관이 뭐야	비전이 뭐야
		3	신앙	왜 믿니?	왜 사니?	왜 교회 나가니?
		4	생활	십대를 창조하라	유혹을 이겨라	세상을 리드하라

| 심화 코스 |

구분	코스		영역	1년차	2년차	3년차
주일 (주말)	심화	1	Q.A	신앙이 궁금해	교리가 궁금해	성경이 궁금해
		2	인성	인간관계 어떻게?	중독탈출 어떻게?	창의인성 어떻게?
		3	공부	공부법 정복하기	학교공부 뛰어넘기	인생공부 따라잡기
		4	인물	하나님人	예수人	성령人

| 성장 코스(자기주도 코스) |

구분	코스		영역	1년차	2년차	3년차
주일 (주말, 주간)	자기 주도	1	영성	말씀생활 읽기, 암송, 큐티	기도생활 기도, 대화	전도생활 증거, 모범
		2	습관	생활습관 음식, 수면, 운동	공부습관 공부, 시간, 플래닝	태도습관 태도, 성품

| 성숙 코스(마무리 코스) |

구분	코스		영역	1년차	2년차	3년차
방학	캠프	1	영재	신앙과 공부를 함께 해결하는 크리스천 영재 캠프 (3박4일)		
전체	성인식	2	전인	중등부·고등부 (성인식 통과의례 1, 2) - 예수사람 만들기		

• 복음 코스(교사와 학생 공통) •

구분	코스	영역	공통과정
모든 세대	복음	새신자	한눈에 보는 복음 이야기 (새신자 양육)
		불신자	세상에서 가장 기쁜 소식을 들어 보셨습니까? (대화식 전도지)

• 성경 코스(교사와 학생 공통) •

구분	코스	영역	공통과정
모든 세대	성경	구약	단숨에 꿰뚫는 구약성경관통
		신약	단숨에 꿰뚫는 신약성경관통

차례

믿음을 키워라

예수 믿는 십대는 세상 사람들과 달라야 합니다

우리는 세상에 살고 있지만 우리는 하나님께 속해 있습니다

세상 사람의 모습을 지녔지만 우리는 하나님을 닮은 자녀입니다

세상 사람들과 같이 살지만 우리는 하나님과 함께하는 사람입니다

이제 새롭게 태어난 예수십대의 삶은 이렇습니다

인간의 기준이 아닌 하나님의 법대로 살고

영의 말씀인 말씀을 가까이 하고

영이신 하나님과 대화를 하고

어디서든지 하나님을 자랑하고 찬양하고

하나님의 부름 받은 공동체인 교회의 지체들과 함께하고

세상 속에서 그리스도를 전하면서

주님이 섬기셨던 것처럼 이웃을 섬기는

하나님의 왕 같은 사람으로 살아가야 합니다

이런 생활을 지속적으로 해나갈 때

우리는 주님을 닮는 제자가 될 것입니다

나를 죽이고 주님을 높이는 삶을 통해

세상 속에서 주님의 모습을 드러내는 인생이 될 것입니다

"그러므로 형제들아 내가 하나님의 모든 자비하심으로 너희를 권하노니
너희 몸을 하나님이 기뻐하시는 거룩한 산 제물로 드리라 이는 너희가 드릴
영적 예배니라 너희는 이 세대를 본받지 말고 오직 마음을 새롭게 함으로 변화를 받아
하나님의 선하시고 기뻐하시고 온전하신 뜻이 무엇인지 분별하도록 하라"(롬 12:1-2)

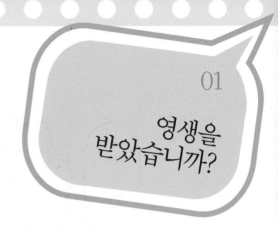

영생을 받았습니까?

 마음열기

1. 현재 나의 삶에서 가장 고민되는 문제는 무엇입니까?

2. 이것을 어떻게 해결하고 있습니까?

●마태복음 19:16-26을 읽으세요.

16 어떤 사람이 주께 와서 이르되 선생님이여 내가 무슨 선한 일을 하여야 영생을 얻으리이까

17 예수께서 이르시되 어찌하여 선한 일을 내게 묻느냐 선한 이는 오직 한 분이시니라 네가 생명에 들어 가려면 계명들을 지키라

18 이르되 어느 계명이오니이까 예수께서 이르시되 살인하지 말라, 간음하지 말라, 도둑질하지 말라, 거짓 증언 하지 말라,

19 네 부모를 공경하라, 네 이웃을 네 자신과 같이 사랑하라 하신 것이니라

20 그 청년이 이르되 이 모든 것을 내가 지키었사온대 아직도 무엇이 부족하니이까

21 예수께서 이르시되 네가 온전하고자 할진대 가서 네 소유를 팔아 가난한 자들에게 주라 그리하면 하늘에서 보화가 네게 있으리라 그리고 와서 나를 따르라 하시니

22 그 청년이 재물이 많으므로 이 말씀을 듣고 근심하며 가니라

23 예수께서 제자들에게 이르시되 내가 진실로 너희에게 이르노니 부자는 천국에 들어가기가 어려우니라

24 다시 너희에게 말하노니 낙타가 바늘귀로 들어가는 것이 부자가 하나님의 나라에 들어가는 것보다 쉬우니라 하시니

25 제자들이 듣고 몹시 놀라 이르되 그렇다면 누가 구원을 얻을 수 있으리이까

26 예수께서 그들을 보시며 이르시되 사람으로는 할 수 없으나 하나님으로서는 다 하실 수 있느니라

1. 이 청년의 최대 관심은 영생의 문제입니다. 그는 이 문제를 찾기 위해 예수님께 찾아왔습니다. 그는 영생을 어떻게 얻는다고 생각했습니까?(16)

2. 예수님은 영생을 얻으려면 어떻게 해야 한다고 말씀하셨습니까?(17-19)

3. 청년은 예수님이 제시한 해법을 듣고 어떻게 반응했습니까?(20-22)

4. 어떤 사람이 구원받기 어렵습니까? 그러나 어떻게 하면 가능합니까?
   (23-26)

•POINT•

영생은 곧 예수님입니다. 예수님을 마음에 모시면 죄에서 구원을 받고 영생하게 됩니다. 예수님을 주인으로 모시려면 내가 주인의 자리를 포기해야 합니다. 자기의 부족함을 알아야 주도권 포기가 가능합니다.

말씀과 공감하기

1. 인간은 계명을 지키면 구원을 받습니다. 그런데 인간은 계명을 다 지킬
   수 없습니다. 그렇다면 계명을 지키는 목적은 무엇입니까? 인간이 구원을
   받는 데 가장 큰 장애물은 무엇입니까?

말씀 Tip

"오직 각 사람이 시험을 받는 것은 자기 욕심에 끌려 미혹됨이니 욕심이
잉태한즉 죄를 낳고 죄가 장성한즉 사망을 낳느니라"(약 1:14-15)

"한 사람이 두 주인을 섬기지 못할 것이니 혹 이를 미워하며 저를 사랑하
거나 혹 이를 중히 여기고 저를 경히 여김이라 너희가 하나님과 재물을 겸
하여 섬기지 못하느니라"(마 6:24)

"그러므로 율법의 행위로 그의 앞에 의롭다 하심을 얻을 육체가 없나니
율법으로는 죄를 깨달음이니라"(롬 3:20)

 삶에 실행하기

1. 나는 인생에서 영생에 대해 얼마나 중요하게 생각하고 있습니까? 나는 영
   생을 받았습니까? 받았다면 어떻게 받았습니까? 아직 영생을 받지 못했
   다면 그 원인은 무엇입니까?

실천을 위한 Tip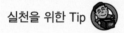

영생(구원)을 받는 방법

영생은 예수님을 믿으면 받습니다.

"네가 만일 네 (   )으로 예수를 주로 (   )하며 또 하나님께
서 그를 죽은 자 가운데서 살리신 것을 네 (   )에 믿으면 구
원을 받으리라 사람이 (   )으로 (   )어 의에 이르고 (   )으
로 (   )하여 구원에 이르느니라" (롬 10:9-10)

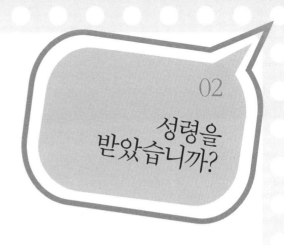

성령을 받았습니까?

 마음열기

1. 다음 그림은 성령님을 설명하는 다양한 상징들입니다. 이것은 무엇을 의
   미하는지 이야기해 보십시오.

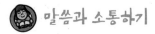 **말씀과 소통하기**

•요한복음 14:16-17, 26, 15:26-27을 읽으세요.

16 내가 아버지께 구하겠으니 그가 또 다른 보혜사를 너희에게 주사
영원토록 너희와 함께 있게 하리니
17 그는 진리의 영이라 세상은 능히 그를 받지 못하나니 이는 그를 보
지도 못하고 알지도 못함이라 그러나 너희는 그를 아나니 그는 너희
와 함께 거하심이요 또 너희 속에 계시겠음이라

...

26 보혜사 곧 아버지께서 내 이름으로 보내실 성령 그가 너희에게 모든
것을 가르치고 내가 너희에게 말한 모든 것을 생각나게 하리라(요
14:26)

...

26 내가 아버지께로부터 너희에게 보낼 보혜사 곧 아버지께로부터 나
오시는 진리의 성령이 오실 때에 그가 나를 증언하실 것이요
27 너희도 처음부터 나와 함께 있었으므로 증언하느니라(요 15:26-27)

1. 성령님의 별명은 무엇입니까?(우리를 위로해 주고 곁에서 도와주고 상담해 주
시는 분이라는 뜻입니다)(16, 26)

2 예수를 믿으면(마음으로 믿고 입으로 시인하면) 그 순간 성령님이 임하십니다. 어디에 어떤 모습으로 언제까지 거하십니까?(16-17)

3. 성령에 대한 세상 사람들과 그리스도인의 반응을 말해 보십시오.(17)

4. 성령의 가장 중요한 일은 무엇입니까? 또한 성령이 우리에 대해서 하시는 일은 무엇입니까?(26-27)

•POINT•

성령님은 예수님을 주인으로 모셔 들이면 영으로 우리 속에 들어옵니다. 영으로 들어온 성령님은 우리의 삶을 주관하십니다. 그 영은 그리스도의 영으로 예수님을 생각나게 하고 진리를 가르쳐 줍니다.

말씀과 공감하기

1. 예수님을 믿는 사람은 모두 성령을 선물로 받았습니다. 성령이 우리 속에
   거하시면 우리에게 어떤 유익이 있습니까?

말씀 Tip

"육신을 따르지 않고 그 영을 따라 행하는 우리에게 율법의 요구가 이루
어지게 하려 하심이니라 육신을 따르는 자는 육신의 일을, 영을 따르는 자
는 영의 일을 생각하나니 육신의 생각은 사망이요 영의 생각은 생명과 평
안이니라"(롬 8:4-6)

"너희가 육신대로 살면 반드시 죽을 것이로되 영으로써 몸의 행실을 죽이
면 살리니 무릇 하나님의 영으로 인도함을 받는 사람은 곧 하나님의 아들
이라 너희는 다시 무서워하는 종의 영을 받지 아니하고 양자의 영을 받았
으므로 우리가 아빠 아버지라고 부르짖느니라 성령이 친히 우리의 영과
더불어 우리가 하나님의 자녀인 것을 증언하시나니"(롬 8:13-16)

 삶에 실행하기

1. 내 안에 성령님이 계심을 믿습니까? 무엇으로 내 안에 성령님이 계신 것
   을 증명할 수 있습니까? 아울러 나는 내 안에 계신 성령님의 음성을 어떻
   게 듣고 있습니까?

실천을 위한 Tip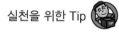

누가 주도권을 갖고 있습니까?

내 안에 계신 성령님께 한 주간 동안 나의 주도권을
얼마나 내어 드렸는지 점검해 보십시오.

- 가정생활:

- 학교생활:

- 미래의 걱정과 염려:

- 친구관계:

03

하나님을 사랑하라

 마음열기

1. 하나님에 대한 계명 4가지 중에 가장 지키기 어려운 계명은 무엇입니까?

그 이유는 무엇입니까?

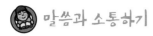 말씀과 소통하기

• 출애굽기 20:1-11을 읽으십시오.

1 하나님이 이 모든 말씀으로 말씀하여 이르시되

2 나는 너를 애굽 땅, 종 되었던 집에서 인도하여 낸 네 하나님 여호와
니라

3 너는 나 외에는 다른 신들을 네게 두지 말라

4 너를 위하여 새긴 우상을 만들지 말고 또 위로 하늘에 있는 것이나
아래로 땅에 있는 것이나 땅 아래 물 속에 있는 것의 어떤 형상도 만
들지 말며

5 그것들에게 절하지 말며 그것들을 섬기지 말라 나 네 하나님 여호와
는 질투하는 하나님인즉 나를 미워하는 자의 죄를 갚되 아버지로부
터 아들에게로 삼사 대까지 이르게 하거니와

6 나를 사랑하고 내 계명을 지키는 자에게는 천 대까지 은혜를 베푸느
니라

7 너는 네 하나님 여호와의 이름을 망령되게 부르지 말라 여호와는 그
의 이름을 망령되게 부르는 자를 죄 없다 하지 아니하리라

8 안식일을 기억하여 거룩하게 지키라

9 엿새 동안은 힘써 네 모든 일을 행할 것이나

10 일곱째 날은 네 하나님 여호와의 안식일인즉 너나 네 아들이나 네
딸이나 네 남종이나 네 여종이나 네 가축이나 네 문안에 머무는 객
이라도 아무 일도 하지 말라

11 이는 엿새 동안에 나 여호와가 하늘과 땅과 바다와 그 가운데 모든
것을 만들고 일곱째 날에 쉬었음이라 그러므로 나 여호와가 안식일
을 복되게 하여 그 날을 거룩하게 하였느니라

1. 하나님은 이스라엘 민족에게 어떤 분이십니까?(2)

21

2. 십계명은 크게 두 가지로 구분할 수 있습니다. 하나님에 대한 사랑과 인간에 대한 사랑입니다. 다음은 하나님에 대한 사랑의 계명들인데 그 내용을 정리해 보십시오.(3-8)

구 분	계명	절수	내 용
하나님에 대한 내용	제 1 계명	3	
	제 2 계명	4-6	
	제 3 계명	7	
	제 4 계명	8	

3. 제2계명에 나타난 하나님의 성품은 무엇입니까?(5)

4. 엿새 동안과 제칠일은 각각 어떻게 지켜야 합니까? 특별히 안식일을 구별하여 지키는 방법을 이야기해 보십시오.(9-11)

•POINT•

하나님을 사랑하는 것은 애매모호한 것이 아니라 구체적인 언약을 통해서 이루어집니다. 법을 정하여 그것을 신실하게 지키는 것이 곧 하나님을 사랑하는 실제적인 방법입니다.

말씀과 공감하기

1. 십계명을 인간에게 주신 이유는 무엇입니까? 하나님이 주신 1-4계명을
   우리는 어떻게 훈련해야 합니까? 법과 사랑은 서로 어떤 관계가 있는지
   이야기해 보십시오.

말씀 Tip

"우리가 하나님을 사랑하고 그의 계명들을 지킬 때에 이로써 우리가 하나
님의 자녀를 사랑하는 줄을 아느니라 하나님을 사랑하는 것은 이것이니
우리가 그의 계명들을 지키는 것이라 그의 계명들은 무거운 것이 아니로
다"(요일 5:2-3)

"사랑은 이웃에게 악을 행하지 아니하나니 그러므로 사랑은 율법의 완성
이니라"(롬 13:10)

 삶에 실행하기

1. 십계명(1-4계명)을 통해 느낀 하나님의 모습은 무엇입니까? 1-4계명 중에
   서 지키기 어려운 순서대로 말해 보고 그 이유를 이야기해 보십시오.

실천을 위한 Tip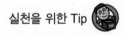

'나의 하나님 사랑법 세 가지'

• 내가 하나님을 구체적으로 사랑할 수 있는 방법을 이야기해 보십시오.

1)

2)

3)

04

이웃을 사랑하라

 마음열기

1. 왜 이런 규칙을 정한다고 생각합니까? 규칙을 지키면 얻게 되는 유익은 무엇입니까?

 말씀과 소통하기

• 출애굽기 20:12-17을 읽으세요.

12 네 부모를 공경하라 그리하면 네 하나님 여호와가 네게 준 땅에서
   네 생명이 길리라
13 살인하지 말라
14 간음하지 말라
15 도둑질하지 말라
16 네 이웃에 대하여 거짓 증거하지 말라
17 네 이웃의 집을 탐내지 말라 네 이웃의 아내나 그의 남종이나 그의 여
   종이나 그의 소나 그의 나귀나 무릇 네 이웃의 소유를 탐내지 말라

1. 부모를 공경할 때 어떤 복이 주어집니까?(12)

2. 다음의 계명을 찾아 적어 보세요.(12-17)

계명	내용	현재적 의미
5		
6		
7		
8		
9		
10		

3. 위의 6가지 계명은 어떤 공통적인 특징을 가지고 있습니까?(12-17)

4. 마지막 십계명은 남의 것을 탐내지 말라고 하면서 그 영역을 어디까지 넓혀서 말하고 있습니까?(17)

•POINT•

하나님을 사랑하는 사람은 이웃을 사랑해야 합니다. 하나님 사랑과 이웃 사랑은 동전의 양면과 같습니다. 법은 사랑하기 위해서 존재하고 사랑하면 모든 법을 다 이룬 것입니다.

말씀과 공감하기

1. 모세의 십계명과 예수님이 말씀하신 새 계명을 서로 비교해 보십시오. 예수님은 계명을 어떻게 해석하셨으며 우리는 이것을 어떻게 이해해야 합니까?

말씀 Tip

"피차 사랑의 빚 외에는 아무에게든지 아무 빚도 지지 말라 남을 사랑하는 자는 율법을 다 이루었느니라 간음하지 말라, 살인하지 말라, 도둑질하지 말라, 탐내지 말라 한 것과 그 외에 다른 계명이 있을지라도 네 이웃을 네 자신과 같이 사랑하라 하신 그 말씀 가운데 다 들었느니라 사랑은 이웃에게 악을 행하지 아니하나니 그러므로 사랑은 율법의 완성이니라"(롬 13:8-10)

"새 계명을 너희에게 주노니 서로 사랑하라 내가 너희를 사랑한 것같이 너희도 서로 사랑하라"(요 13:34)

"나는 마음이 온유하고 겸손하니 나의 멍에를 메고 내게 배우라 그리하면 너희 마음이 쉼을 얻으리니 이는 내 멍에는 쉽고 내 짐은 가벼움이라 하시니라"(마 11:29-30)

 삶에 실행하기

1. 이웃 계명 중에서 현재 우리 사회 속에서 가장 안 지켜지고 있는 계명은 어떤 것입니까? 그 이유는 무엇이라고 봅니까? 내가 가장 지키기 어렵다고 생각되는 계명은 무엇이며 그 이유는 무엇인지 간단히 이야기해 보십시오.

실천을 위한 Tip

사랑은 말이 아닌 행동입니다.

6가지 계명 중에 이번주에 특별히 꼭 실천해 보고 싶은 계명을 이야기해 보십시오.

- 계명

- 누구에게

- 언제

- 어떻게

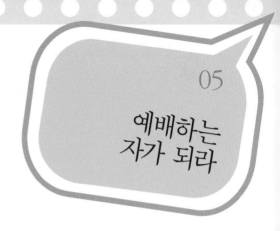

예배하는
자가 되라

 마음열기

• 잘못된 예배

• 좋은 예배

1. 그리스도인은 왜 하나님께 예배를 드려야 합니까?

2. 예배가 형식적으로 교회 마당만 밟는 예배가 되는 이유는 무엇입니까?

말씀과 소통하기

•요한복음 4:19-26을 읽으세요.

19 여자가 이르되 주여 내가 보니 선지자로소이다
20 우리 조상들은 이 산에서 예배하였는데 당신들의 말은 예배할 곳이
   예루살렘에 있다 하더이다
21 예수께서 이르시되 여자여 내 말을 믿으라 이 산에서도 말고 예루
   살렘에서도 말고 너희가 아버지께 예배할 때가 이르리라
22 너희는 알지 못하는 것을 예배하고 우리는 아는 것을 예배하노니 이
   는 구원이 유대인에게서 남이라
23 아버지께 참되게 예배하는 자들은 영과 진리로 예배할 때가 오나니
   곧 이 때라 아버지께서는 자기에게 이렇게 예배하는 자들을 찾으시
   느니라
24 하나님은 영이시니 예배하는 자가 영과 진리로 예배할지니라
25 여자가 이르되 메시야 곧 그리스도라 하는 이가 오실 줄을 내가 아
   노니 그가 오시면 모든 것을 우리에게 알려 주시리이다
26 예수께서 이르시되 네게 말하는 내가 그라 하시니라

1. 이스라엘 백성들이 생각하는 예배의 장소는 어디입니까?(20)

2. 예수님이 말씀하시는 예배의 장소는 어디입니까?(21)

3. 어떤 예배가 참된 예배입니까? 예배를 드리는 주체는 사람이지만 그 이전
   에 무엇이 전제되어야 비로소 참된 예배자가 될 수 있습니까?(23)

4. 그리스도인이 드리는 예배의 특징과 예배의 중심은 무엇인지 이야기해 보
   십시오.(24-26)

•POINT•

예배의 중심은 예수님입니다. 예배 중에 예수님을 만나야 진정한 예배가 됩니다. 예
배 중에 예수님을 느끼고 예수님의 음성을 들으면 누구든지 변화됩니다.

말씀과 공감하기

1. 이스라엘의 예배 장소는 남유다의 예루살렘 성전 한 곳입니다. 그러다 보니 북쪽 사마리아 사람들은 예배할 장소를 임의로 정해 그리심 산에서 드리고 있습니다. 이런 불평등에 대해서 예수님은 새롭게 예배의 모습을 말해 주셨는데 그것은 무엇입니까? 아울러 이것은 오늘날 우리들이 드리는 예배에서 어떤 중요한 의미가 있습니까?

말씀 Tip

"이것들을 사하셨은즉 다시 죄를 위하여 제사 드릴 것이 없느니라 그러므로 형제들아 우리가 예수의 피를 힘입어 성소에 들어갈 담력을 얻었나니 그 길은 우리를 위하여 휘장 가운데로 열어 놓으신 새로운 살 길이요 휘장은 곧 그의 육체니라"(히 10:18-19)

"그러므로 형제들아 내가 하나님의 모든 자비하심으로 너희를 권하노니 너희 몸을 하나님이 기뻐하시는 거룩한 산 제물로 드리라 이는 너희가 드릴 영적 예배니라"(롬 12:1)

 삶에 실행하기

1. 나는 현재 어떻게 예배를 드리고 있습니까? 예배를 통하여 느끼는 감사가 있다면 이야기해 보십시오.

실천을 위한 Tip 👤

나의 예배 점검표

1) 예배 때 초점을 두어야 할 분은 누구입니까? (   )

2) 예배는 사람이 아닌 보이지 않는 영이신 (   )께 드리는 것입니다.

3) 예배는 살아 있는 제사입니다. 자기를 죽이는 (   )가 전제되어야 합니다.

4) 예배를 받으시는 분은 사람이 아닌 (   )입니다.

5) 예배는 내가 하나님을 찾는 것이 아닌 하나님이 (   )자를 찾아야 예배할 수 있습니다.

06

말씀으로
변화하라

마음열기

성경은 어떤
책입니까?

1) 하나님 사랑이 무엇인지를 알려주는 책이다. (O X)

2) 하나님의 감동을 받아 하나님을 사랑하는 사람들이 쓴 책이다. (O X)

3) 천국까지 가는 인생의 길을 알려주는 책이다. (O X)

4) 사람을 구원받게 하고 온전하게 만드는 책이다. (O X)

5) 하나님이 누구인지 공부하는 책이다. (O X)

6) 하나님의 뜻을 알게 해주는 책이다. (O X)

1. 성경을 읽고 공부하면서 주위에서 달라진 사람들이 있으면 이야기해 보십시오.

 말씀과 소통하기

•디모데후서 3:13-17을 읽으세요.

13 악한 사람들과 속이는 자들은 더욱 악하여져서 속이기도 하고 속기도 하나니

14 그러나 너는 배우고 확신한 일에 거하라 너는 네가 누구에게서 배운 것을 알며

15 또 어려서부터 성경을 알았나니 성경은 능히 너로 하여금 그리스도 예수 안에 있는 믿음으로 말미암아 구원에 이르는 지혜가 있게 하느니라

16 모든 성경은 하나님의 감동으로 된 것으로 교훈과 책망과 바르게 함과 의로 교육하기에 유익하니

17 이는 하나님의 사람으로 온전하게 하며 모든 선한 일을 행할 능력을 갖추게 하려 함이라

1. 세상 사람들이 주로 행하는 악한 일을 한마디로 정리해 보십시오.(13)

2. 악한 세상 속에서 이기는 생활을 하기 위하여 그리스도인들은 어떤 일을
   해야 합니까?(14)

3. 성경은 어느 때부터 배우고 아는 것이 좋습니까?(14-15)

4. 성경은 어떻게 기록되었습니까? 성경이 우리에게 주는 유익은 무엇입니
   까?(15-17)

•POINT•

진정으로 사람을 변화시키는 것은 오직 말씀입니다. 그것은 사람이 말씀으로 지음을
받았기 때문입니다. 말씀을 떠나면 악을 행하게 됩니다. 그러나 말씀에 순종하면 선
을 행할 수 있는 능력을 얻게 됩니다.

말씀과 공감하기

1. 성경은 구원받게 하고 구원받은 사람의 삶을 온전하게 만듭니다. 성경을
   통해 예수를 만나면 누구든지 이런 변화를 경험합니다. 구체적으로 어떻
   게 변화되는지 이야기해 보십시오.

말씀 Tip

"오직 이것을 기록함은 너희로 예수께서 하나님의 아들 그리스도이심을
믿게 하려 함이요 또 너희로 믿고 그 이름을 힘입어 생명을 얻게 하려 함
이니라"(요 20:31)

"이로써 그 보배롭고 지극히 큰 약속을 우리에게 주사 이 약속으로 말미
암아 너희가 정욕 때문에 세상에서 썩어질 것을 피하여 신성한 성품에 참
여하는 자가 되게 하려 하셨느니라 그러므로 너희가 더욱 힘써 너희 믿음
에 덕을, 덕에 지식을, 지식에 절제를, 절제에 인내를, 인내에 경건을, 경건
에 형제 우애를, 형제 우애에 사랑을 더하라"(벧후 1:4-7)

 삶에 실행하기

1. 사람이 구원받고 영적으로 자라기 위해서는 말씀과 만나야 합니다. 왜냐하면 사람을 변화시키는 것은 오직 말씀이기 때문입니다. 현재 내가 복음을 전해야 할 사람을 찾아 이름을 기록하고 어떻게 전할지 계획을 나누어 보십시오.

실천을 위한 Tip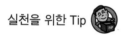

사람을 변화시키는 것은 오직 말씀입니다

사람을 변화시키는 것은 오직 말씀입니다. 성경을 배우고 가까이 하는 기회를 계속 가져야 하는데 그것에 대한 나의 말씀 연구 실천 계획을 이야기해 보십시오.

1)

2)

3)

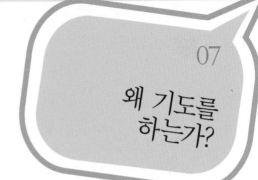

07

왜 기도를 하는가?

마음열기

1. 위 내용은 탈무드의 이야기입니다. 이 이야기를 읽고 무엇을 느꼈습니까?

2. 도저히 내 힘으로 안 되는 불가능한 상황을 경험해 본 적이 있습니까? 만약 그런 상황이 온다면 나는 어떻게 문제를 해결할 것입니까?

 말씀과 소통하기

• 마태복음 26:36-46을 읽으세요.

36 이에 예수께서 제자들과 함께 겟세마네라 하는 곳에 이르러 제자들에게 이르시되 내가 저기 가서 기도할 동안에 너희는 여기 앉아 있으라 하시고
37 베드로와 세베대의 두 아들을 데리고 가실새 고민하고 슬퍼하사
38 이에 말씀하시되 내 마음이 매우 고민하여 죽게 되었으니 너희는 여기 머물러 나와 함께 깨어 있으라 하시고
39 조금 나아가사 얼굴을 땅에 대시고 엎드려 기도하여 이르시되 내 아버지여 만일 할 만하시거든 이 잔을 내게서 지나가게 하옵소서 그러나 나의 원대로 마시옵고 아버지의 원대로 하옵소서 하시고
40 제자들에게 오사 그 자는 것을 보시고 베드로에게 말씀하시되 너희가 나와 함께 한 시간도 이렇게 깨어 있을 수 없더냐
41 시험에 들지 않게 깨어 기도하라 마음에는 원이로되 육신이 약하도다 하시고
42 다시 두 번째 나아가 기도하여 이르시되 내 아버지여 만일 내가 마시지 않고는 이 잔이 내게서 지나갈 수 없거든 아버지의 원대로 되기를 원하나이다 하시고
43 다시 오사 보신즉 그들이 자니 이는 그들의 눈이 피곤함일러라

44 또 그들을 두시고 나아가 세 번째 같은 말씀으로 기도하신 후
45 이에 제자들에게 오사 이르시되 이제는 자고 쉬라 보라 때가 가까이 왔으니 인자가 죄인의 손에 팔리느니라
46 일어나라 함께 가자 보라 나를 파는 자가 가까이 왔느니라

1. 예수님은 특별히 세 명의 제자들에게 무엇을 부탁하셨습니까? 현재 예수님의 마음 상태는 어떠한지 말해 보십시오.(36-38)

2. 예수님이 세 번에 걸쳐 반복한 기도의 내용은 무엇입니까?(39, 42, 44)

3. 세 제자들은 어떤 행동을 취했습니까?(40, 43)

4. 예수님은 기도 후에 어떻게 달라졌습니까?(45-46)

•POINT•

기도는 내가 원하는 것을 구하는 것이 아니라 하나님이 원하시는 뜻을 찾는 것입니다. 하나님의 뜻을 찾으려면 나의 뜻이 죽어야 합니다. 기도는 나의 자아를 죽이는 것입니다. 나의 욕심을 십자가에 못 박아 죽이면 하나님의 뜻이 보이게 됩니다.

말씀과 공감하기

1. 우리에게 기도가 필요한 이유를 말해 보십시오. 아울러 다른 종교에서 하는 기도(급할 때 도와달라고 하는 기도도 포함)와 예수님의 기도가 다른 점은 무엇입니까?

말씀 Tip

"너희 중에 누구든지 지혜가 부족하거든 모든 사람에게 후히 주시고 꾸짖지 아니하시는 하나님께 구하라 그리하면 주시리라"(약 1:5)

"그를 향하여 우리가 가진 바 담대함이 이것이니 그의 뜻대로 무엇을 구하면 들으심이라 우리가 무엇이든지 구하는 바를 들으시는 줄을 안즉 우리가 그에게 구한 그것을 얻은 줄을 또한 아느니라"(요일 5:14-15)

"그는 육체에 계실 때에 자기를 죽음에서 능히 구원하실 이에게 심한 통곡과 눈물로 간구와 소원을 올렸고 그의 경건하심으로 말미암아 들으심을 얻었느니라" (히 5:7)

삶에 실행하기

1. 기도의 응답을 받은 경우나 기도하면서 힘을 얻은 체험이 있으면 함께 나
   누어 보십시오.

실천을 위한 Tip

영혼의 호흡이 잘 됩니까?

기도는 하나님과 나를 연결하는 영적 호흡선입니다. 현재 나의 기
도 생활을 점검해 보십시오.

- 언제:

- 어디서:

- 기도 시간:

- 기도의 내용:

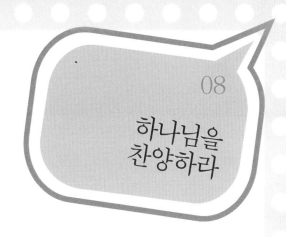

하나님을
찬양하라

 마음열기

찬양이란?	찬양 방법	찬양 내용

• 잘못된 찬양의 예

1. 나는 하루 중에 언제 하나님을 찬양하며 어떻게 찬양하는지 이야기해 보
   세요.

 말씀과 소통하기

• 시편 146:1-10을 읽으세요.

1 할렐루야 내 영혼아 여호와를 찬양하라 여호와를 찬양하라
2 나의 생전에 여호와를 찬양하며 나의 평생에 내 하나님을 찬송하리
  로다
3 귀인들을 의지하지 말며 도울 힘이 없는 인생도 의지하지 말지니
4 그의 호흡이 끊어지면 흙으로 돌아가서 그 날에 그의 생각이 소멸하
  리로다
5 야곱의 하나님을 자기의 도움으로 삼으며 여호와 자기 하나님에게
  자기의 소망을 두는 자는 복이 있도다
6 여호와는 천지와 바다와 그 중의 만물을 지으시며 영원히 진실함을
  지키시며
7 억눌린 사람들을 위해 정의로 심판하시며 주린 자들에게 먹을 것을
  주시는 이시로다 여호와께서는 갇힌 자들에게 자유를 주시는도다
8 여호와께서 맹인들의 눈을 여시며 여호와께서 비굴한 자들을 일으
  키시며 여호와께서 의인들을 사랑하시며
9 여호와께서 나그네들을 보호하시며 고아와 과부를 붙드시고 악인들
  의 길은 굽게 하시는도다
10 시온아 여호와는 영원히 다스리시고 네 하나님은 대대로 통치하시
  리로다 할렐루야

1. 우리는 하나님을 찬양할 때 무엇으로 해야 합니까?(1)

2. 찬송의 시기와 찬양의 대상에 대해서 이야기해 보십시오.(2)

3. 우리가 하나님을 찬양해야 하는 이유는 무엇인지 본문을 통해서 다시 정리해 보십시오.(3-5)

4. 우리가 하나님을 찬양할 때 하나님의 어떤 것들을 찬양해야 하는지 구체적인 내용을 말해 보십시오.(6-10)

●POINT●

찬양은 하나님을 자랑하고 하나님이 하시는 일을 칭찬하며 하나님이 하시는 일을 높이는 것입니다. 이런 면에서 찬양은 하나님이 가장 좋아하시는 일입니다. 누가 나를 칭찬하면 기분이 좋듯이 인간이 하나님을 찬양하는 것은 하나님을 즐겁게 하는 일입니다.

말씀과 공감하기

1. "할렐루야"란 하나님을 찬양하라는 뜻을 가진 히브리어입니다. 찬양은 하
   나님을 높이고 경배하며 자랑한다는 의미를 담고 있습니다. 영혼으로 찬
   양한다는 것은 구체적으로 어떻게 찬양하는 것을 뜻합니까? 세상 노래와
   찬양의 차이점은 무엇입니까?

말씀 Tip

"내 영혼아 여호와를 송축하라 내 속에 있는 것들아 다 그의 거룩한 이름
을 송축하라"(시 103:1)

"내 영혼이 주를 찬양하며 내 마음이 하나님 내 구주를 기뻐하였음은"(눅
1:46-47)

"이때에 모세와 이스라엘 자손이 이 노래로 여호와께 노래하니 일렀으되
여호와를 찬송하리니 그는 높고 영화로우심이요 말과 그 탄 자를 바다에
던지셨음이로다 여호와는 나의 힘이요 노래시며 나의 구원이시로다 그는
나의 하나님이시니 내가 그를 찬송할 것이요 내 아버지의 하나님이시니
내가 그를 높이리로다"(출 15:1-2)

 삶에 실행하기

1. 하나님을 찬양하는 구체적인 방법들을 일상생활 속에서 찾아보고 어떻게
   하면 찬양하는 삶을 살 수 있는지 이야기해 보십시오.

• 찬양의 방법들

• 찬양의 삶

실천을 위한 Tip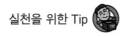

누구를 자랑하며 살아갑니까?

청소년들이 가수나 스타들을 특별히 좋아하며 열광하고 팬클럽을
만들어서 따라다니는 것에 대해 어떤 생각을 갖고 있는지 각자 의
견을 이야기해 보십시오.

1)

2)

3)

09

모본으로
섬겨라

 마음열기

1. 위 그림을 보고 어떤 내용인지 이야기를 나누어 보세요.

2. 다른 사람의 봉사를 통해서 내가 감동했던 예가 있으면 이야기해 보십시

  오.

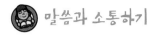 말씀과 소통하기

•요한복음 13:3-17을 읽으세요.

3 저녁 먹는 중 예수는 아버지께서 모든 것을 자기 손에 맡기신 것과 또 자기가 하나님께로부터 오셨다가 하나님께로 돌아가실 것을 아시고

4 저녁 잡수시던 자리에서 일어나 겉옷을 벗고 수건을 가져다가 허리에 두르시고

5 이에 대야에 물을 떠서 제자들의 발을 씻으시고 그 두르신 수건으로 닦기를 시작하여

6 시몬 베드로에게 이르시니 베드로가 이르되 주여 주께서 내 발을 씻으시나이까

7 예수께서 대답하여 이르시되 내가 하는 것을 네가 지금은 알지 못하나 이 후에는 알리라

8 베드로가 이르되 내 발을 절대로 씻지 못하시리이다 예수께서 대답하시되 내가 너를 씻어 주지 아니하면 네가 나와 상관이 없느니라

9 시몬 베드로가 이르되 주여 내 발뿐 아니라 손과 머리도 씻어 주옵소서

10 예수께서 이르시되 이미 목욕한 자는 발밖에 씻을 필요가 없느니라 온 몸이 깨끗하니라 너희가 깨끗하나 다는 아니라 하시니

11 이는 자기를 팔 자가 누구인지 아심이라 그러므로 다는 깨끗하지 아니하다 하시니라

12 그들의 발을 씻으신 후에 옷을 입으시고 다시 앉아 그들에게 이르시되 내가 너희에게 행한 것을 너희가 아느냐

13 너희가 나를 선생이라 또는 주라 하니 너희 말이 옳도다 내가 그러하다

14 내가 주와 또는 선생이 되어 너희 발을 씻었으니 너희도 서로 발을 씻어 주는 것이 옳으니라

15 내가 너희에게 행한 것같이 너희도 행하게 하려 하여 본을 보였노라

16 내가 진실로 진실로 너희에게 이르노니 종이 주인보다 크지 못하고 보냄을 받은 자가 보낸 자보다 크지 못하나니

17 너희가 이것을 알고 행하면 복이 있으리라

1. 저녁 먹는 중에 예수님이 제자들에게 행하신 일은 무엇입니까?(3-5)

2. 예수님이 행하시는 일을 이해 못하고 반대한 베드로는 어떤 행동을 했습니까?(6-11)

3. 예수님이 제자들의 발을 씻기신 후에 제자들에게 하신 말씀은 무엇입니까?(12-14)

4. 예수님이 제자들에게 몸소 실천하며 봉사와 섬김의 본을 보이신 것은 어떤 이유에서입니까?(15-17)

•POINT•

복음은 삶으로 드러나야 합니다. 말로만 전하는 복음은 죽은 것입니다. 말과 행동이 같아야 진정한 복음입니다. 은혜 받은 사람은 먼저 모범을 보임으로 다른 사람에게 영향력을 주어야 합니다. 본은 자기 자랑이 아닌 다른 사람도 본을 보고 그대로 살게 하기 위함입니다.

 말씀과 공감하기

1. 사람들은 섬기는 것보다는 섬김을 받으려고 합니다. 이런 점에서 예수님
   이 제자들의 발을 씻긴 일은 우리에게 도전을 주는데 어떤 점에서 그렇습
   니까? 이것을 통해 그리스도인은 세상을 어떻게 섬겨야 한다고 생각합니
   까?

말씀 Tip

"너희 중에는 그렇지 않을지니 너희 중에 누구든지 크고자 하는 자는 너
희를 섬기는 자가 되고 너희 중에 누구든지 으뜸이 되고자 하는 자는 모
든 사람의 종이 되어야 하리라 인자가 온 것은 섬김을 받으려 함이 아니라
도리어 섬기려 하고 자기 목숨을 많은 사람의 대속물로 주려 함이니라"(막
10:43-45)

"내가 그리스도를 본받는 자 된 것같이 너희는 나를 본받는 자가 되라"(고
전 11:1)

 삶에 실행하기

1. 나는 다른 사람을 평소에 어떤 자세로 대합니까? 사람을 섬기고 봉사하는 일이 부족하다면 어떤 점에서 그런지 말해 보십시오.

실천을 위한 Tip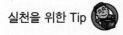

삶으로 예수를 전하라

• 다른 사람을 섬기고 봉사하면 어떤 유익이 있습니까?

1) 개인적으로

2) 신앙적으로

3) 이웃에게

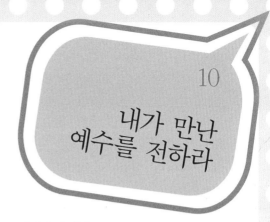

10

내가 만난
예수를 전하라

 마음열기

"전도, 어떻게 하지?"

관계를 맺는다.

자신의 죄악의 문제를
알게 한다.

해결책으로
예수님을 소개한다.

믿으면 달라지는 것들에
대해서 소개한다.

예수님을 마음으로
영접하게 한다.

교회에
나오도록 한다.

1. 위의 그림을 보고 전도의 과정을 말해 보십시오.

2. 나는 어떻게 전도를 받아 예수를 믿게 되었는지 이야기해 보십시오.

말씀과 소통하기

• 요한복음 4:28-30, 39-42을 읽으세요.

28 여자가 물동이를 버려 두고 동네로 들어가서 사람들에게 이르되

29 내가 행한 모든 일을 내게 말한 사람을 와서 보라 이는 그리스도가 아니냐 하니

30 그들이 동네에서 나와 예수께로 오더라

...

39 여자의 말이 내가 행한 모든 것을 그가 내게 말하였다 증언하므로 그 동네 중에 많은 사마리아인이 예수를 믿는지라

40 사마리아인들이 예수께 와서 자기들과 함께 유하시기를 청하니 거기서 이틀을 유하시매

41 예수의 말씀으로 말미암아 믿는 자가 더욱 많아

42 그 여자에게 말하되 이제 우리가 믿는 것은 네 말로 인함이 아니니 이는 우리가 친히 듣고 그가 참으로 세상의 구주신 줄 앎이라 하였더라

1. 예수님을 만난 여자는 사람들에게 어떻게 전도를 했습니까?(28-30)

2. 전도는 다른 사람에게 무엇을 하는 것입니까? 그 결과 사마리아 사람들에게 어떤 결과가 나타났습니까?(39-40)

3. 어떻게 믿는 사람들이 더욱 많아지게 되었습니까?(41)

4. 진정한 전도가 이루어지기 위해서는 어디까지 나가야 합니까?(42)

●POINT●

전도는 내가 만난 예수를 전하는 것입니다. 그리고 그들이 직접 예수를 인격적으로 만나도록 도와주는 것입니다. 예수를 만난 사람은 또 다른 사람에게 증언하며 살게 됩니다. 한 사람의 전도가 많은 사람을 전도하게 합니다.

말씀과 공감하기

1. 전도는 내가 만난 예수님을 사람들에게 증언하는 것입니다. 우리는 어떤
   내용과 방법으로 전도를 하는지 구체적으로 말해 보십시오.

말씀 Tip

"우리는 우리를 전파하는 것이 아니라 오직 그리스도 예수의 주 되신 것
과 또 예수를 위하여 우리가 너희의 종 된 것을 전파함이라"(고후 4:5)

"사람이 의롭게 되는 것은 율법의 행위로 말미암음이 아니요 오직 예수 그
리스도를 믿음으로 말미암는 줄 알므로 우리도 그리스도 예수를 믿나니
이는 우리가 율법의 행위로써가 아니고 그리스도를 믿음으로써 의롭다 함
을 얻으려 함이라"(갈 2:16)

"요한의 말을 듣고 예수를 따르는 두 사람 중의 하나는 시몬 베드로의 형
제 안드레라 그가 먼저 자기의 형제 시몬을 찾아 말하되 우리가 메시야를
만났다 하고 데리고 예수께로 오니 예수께서 보시고 이르시되 네가 요한
의 아들 시몬이니 장차 게바라 하리라 하시니라"(요 1:40-42)

 삶에 실행하기

1. 전도가 잘 안 되는 이유는 무엇입니까? 내가 전도를 하는 데 걸림돌이 되
   는 장애 요소를 찾아보십시오.

실천을 위한 Tip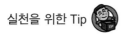

전도하며 살겠습니다!

•전도할 수 있는 방법과 한주간의 전도 계획을 세워 보십시오.

1) 전도 방법:

2) 이번 주 전도계획:

3) 전도대상자 이름: